AF313161

VENTE

Après décès de Mᵐᵉ D***

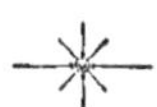

EXPOSITIONS PUBLIQUES

SALLE Nᵒ I

Le Mercredi 30 Septembre et le Dimanche 4 Octobre 1891

De 2 heures à 5 heures 1/2

COMMISSAIRE-PRISEUR : **Mᵉ Henri LECHAT**

EXPERTS :

M. E. VANNES

Faubourg Montmartre, 54

M. MARTIN, Libraire

Boulevard Haussmann, 19

PARIS — 1891

IMPRIMERIE MAULDE et RENOU

A. MAULDE & Cie

IMPRIMEURS DE LA COMPAGNIE DES COMMISSAIRES-PRISEURS

Rue de Rivoli, 144

ÉTUDE DE Mᵉ **HENRI LECHAT**, COMMISSAIRE-PRISEUR, A PARIS
Rue Baudin, 6 (Square Montholon)

VENTE AUX ENCHÈRES PUBLIQUES

Après décès de Mᵐᵉ Vᵉ D⁎⁎⁎

DE

TABLEAUX ANCIENS ET MODERNES

Dietrich, Hubert-Robert, Vernet (Joseph), Téniers (David), etc.

BEAU PORTRAIT D'HOMME DE L'ÉCOLE DE REMBRANDT

Allaux, **Corot**, Daliphard, **Daubigny**, Decamps, Baron Gros, Isabey (Eug.),
Marilhat, etc.

BEAUX BRONZES DE BARYE ET AUTRES

Éditions de BARBEDIENNE

TAPISSERIES RENAISSANCE ET LOUIS XIV

MEUBLES ANCIENS

Meuble de salon Louis XVI, composé de neuf pièces, couvert en tapisserie d'Aubusson :
Les Fables de La Fontaine
Important Meuble hollandais garni de porcelaines. — Beau Meuble à crédence
en noyer sculpté. — Bureaux Louis XV et Louis XVI. — Écran Louis XV en tapisserie

PORCELAINES & FAIENCES

Grande et belle Vasque monture en bronze doré, Vases, Coupes, Jardinières, Plats et Assiettes

42 KILOS D'ARGENTERIE : Service de table, Cabaret à liqueurs, Services à café, etc.

BIJOUX OR & BRILLANTS

Boucles d'oreilles, Bagues, Montres or, Chaînes, Châtelaine et Montre Louis XV, Bonbonnière et Tabatière Louis XVI en or, etc

ENVIRON 1,000 VOLUMES : Littérature et Romans

Linge de corps — Linge de ménage — Literie

DENTELLES

NOMBREUX MOBILIER MODERNE

EN PALISSANDRE, EN ACAJOU, EN NOYER

Salon, Salle à manger, Chambres à coucher, Cabinet de travail, Garnitures de Cheminées, Foyers, Glaces, Tapis
Ustensiles de cuisine en cuivre et fer battu — Vaisselle et Verrerie

VOITURES, CHEVAL ET HARNAIS

Un Coupé et une Victoria de Belvallette, un Cheval bai clair âgé de neuf ans, trois Harnais

VINS ET LIQUEURS

Environ **2,400** Bouteilles Château-Laffitte, Saint-Émilion, Madère, Cognac et Vin ordinaire

HOTEL DROUOT (1ᵉʳ ÉTAGE), SALLE Nᵒ 1

Les Jeudi 1ᵉʳ, Vendredi 2, Samedi 3, Lundi 5, Mardi 6, Mercredi 7
et Jeudi 8 Octobre 1891, à deux heures

Par le ministère de Mᵉ **Henri LECHAT**, Commⁱʳᵉ-Priseur au département de la Seine
Demeurant à Paris, rue Baudin, 6 (Square Montholon

ASSISTÉ DE

M. Émile **VANNES**	M. Jules **MARTIN**
EXPERT	LIBRAIRE-EXPERT
Faubourg Montmartre, 54	*Boulevard Haussmann, 19*

EXPOSITIONS PUBLIQUES

1ᵒ Salle nᵒ 1. Le Mercredi 30 Septembre et le Dimanche 4 Octobre, de 1 heure 1/2 à 5 heures
Pour les Tableaux, Objets d'art, Argenterie, Bijoux et Mobilier ;
2ᵒ Cour de l'Hôtel. Le Dimanche 4, de midi à 5 h., et le Lundi 5 Octobre, de midi à 4 h. 1/2
heure à laquelle ils seront vendus, pour les Voitures, Cheval et Harnais.

CONDITIONS DE LA VENTE

La vente sera faite au comptant.

Les Acquéreurs paieront, en sus des adjudications, CINQ POUR CENT applicables aux frais de la vente.

L'Exposition mettant le Public à même de se rendre compte de l'état des Objets, aucune réclamation ne sera admise une fois l'adjudication prononcée.

***

A. MAULDE et Cie, imprimeurs de la Compagnie des Commissaires-Priseurs
rue de Rivoli, 144.   1000—17688

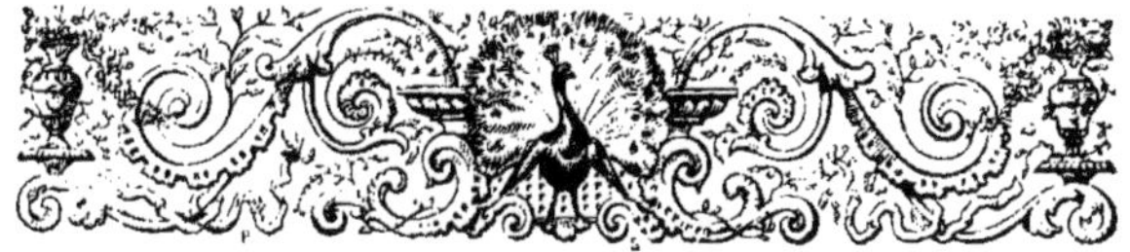

Désignation des Objets

TABLEAUX ANCIENS

REMBRANDT (Van Ryn)
(École de)

1 — Beau portrait de Vieillard.

Vu de trois quarts à droite, coiffé d'une calotte noire;
il est vêtu d'un manteau sous lequel se voit l'encolure de
la chemise et du vêtement; un collier de joaillerie pend
des épaules sur la poitrine, sur laquelle repose un médaillon portant en monogramme les lettres S. O.

Ce portrait, chaud de ton et puissant de couleur, est
signé à droite un peu au-dessus de l'épaule, la date
1644 qui est au-dessous de la signature, est peu lisible.

DIÉTRICH

2 — Tête d'Homme.

ÉCOLE FLAMANDE

3 — Paysage au clair de lune.

ÉCOLE FRANÇAISE

4 — Roland à Roncevaux.

5 — Halte de Cavaliers.

6 — Sainte Cécile.

7 — Mise au Tombeau.

GUIDO-RENI (École de)

8 — Saint en prière.

HUBERT-ROBERT

9 — Après une bataille.

> Au milieu de ruines, des femmes en pleurs recherchent ceux qui leur étaient chers.
> Peinture sur cuivre.

10 — Pendant du précédent.

RUBENS (École de)

11 — Apothéose d'Henri IV. — Régence de
Marie de Médicis.

Copie d'après la galerie du Louvre.

RYN (Peters)

12 — Le Philosophe.

Petit tableau très fin d'exécution.
Signé à gauche.

VERNET (École de Joseph)

13 — Marine.

TÉNIERS (École de David)

14 — Intérieur de Cabaret.

Petit tableau très fin de ton.
Signé en bas et en toutes lettres.

GRAVURES

15 — L'Hémicycle du Palais des Beaux-Arts, d'après Paul DELAROCHE.

16 — La Bataille d'Eylau, d'après le Baron GROS. — Avant la lettre.

17 — Cinq Gravures. — Les Batailles d'Alexandre, d'après LEBRUN.

18 — Sanguine. École française du XVIIIe siècle.

19 — Un Carton de Gravures diverses.

TABLEAUX MODERNES

COROT

20 — Paysage.

Au premier plan, trois vaches paissent dans un pâturage couvert de grands arbres, une femme debout les surveille; au fond, à droite, on voit un groupe de maisons au bord de l'eau et à moitié cachées par un coteau.

Signé à gauche.

H. 0^m,55; L. 0^m,6o.

COROT

21 — Soleil couchant.

Étude sur panneau.

H. 0^m,27; L. 0^m,41.

DAUBIGNY

22 — Sous Bois, au clair de lune.

Porte le cachet de la vente du maître.

3.

DAUBIGNY

23 — Lisière d'un bois.

Catalogué sous le n° 17 à la vente du maître.

24 — Chemin à Auvers.

Porte le n° 123 du catalogue de la vente du maître.

ALLAUX

25 · Portrait du peintre Michalon.

DALIPHARD

26 — Coucher de soleil.

27 — Les bords de l'Oise, à Poissy.

DARU (Louise)

28 — Le Mois de Marie.

DECAMPS

29 — Chevaux de retour à la Ferme.

DESLAIE (E.)

3o — Le Moulin, paysage.

DEVEDEUX

3i — Scène de combat.

32 — Le Sultan.

GROS (le Baron)

33 — Les Bergers d'Arcadie.

ISABEY (Eugène)

34 — Barque de Pêcheurs.

LAPITO (A.)

35 — Coin de la forêt de Fontainebleau.

MARILHAT

36 — Rochers au bord de la mer.

METLING

37 — Paysanne mangeant la soupe.

SCHOPIN

38 — L'Odalisque.

TAPISSERIES, SIÈGES

39 — Tapisserie de la Renaissance, à personnages, la large bordure est cantonnée de petits personnages allégoriques avec inscriptions, et entourés de fleurs et de fruits. — Haut. 3^m40; larg. 2^m50.

40 — Panneau de tapisserie genre Téniers, représentant une scène champêtre; à droite, des villageois dansent devant leurs maisons; à gauche, deux musiciens. La bordure est à fleurs et à feuillages. — Haut. 3^m10; larg. 3^m40.

41 — Tapisserie à sujet tiré des batailles d'Alexandre. — Haut. 2^m90; larg. 4^m20.

42 — Quatre Rideaux en velours rouge, garnis chacun
en entre-deux, de bandes de tapisserie verdure, à
fleurs et à feuillages.

43 — Meuble de salon fin Louis XVI en bois laqué
blanc, à filets dorés, couvert en tapisserie d'Aubusson, composé de : un grand Canapé et huit Fauteuils.
Les dossiers sont à petits personnages, bergers et
bergères, et les sièges représentent des fables de La
Fontaine.

44 — Écran de style Louis XIV en bois sculpté sur les
deux faces, garni d'une tapisserie à petit personnage
au petit point de Saint-Cyr, encadré au gros point.

45 — Écran de style Louis XVI en bois doré, garni de
tapisserie au point.

46 — Deux Fauteuils style Louis XIII à pieds tournés,
à crosses sculptées, couverts en tapisserie ancienne
au point.

47 — Deux Fauteuils Louis XIV sculptés, et couverts en
tapisserie à personnages et salamandres au petit
point de Saint-Cyr.

48 — Tabouret carré tourné, couvert en tapisserie au
gros point.

49 — Grand Fauteuil style Louis XIII en noyer sculpté,
couvert en tapisserie au gros point.

50 — Petit Fauteuil style Henri II couvert en tapisserie

51 — Fauteuil Louis XV à dossier chantourné, couvert
en tapisserie au point.

52 — Deux Chaises Louis XIII à croisillons et garnies
de velours de Gênes rubis.

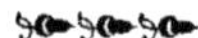

MEUBLES

53 — Grand Meuble hollandais en marqueterie de couleur, complètement garni sur la face, les vantaux et
les côtés, de nombreuses assiettes et soucoupes en
porcelaine de l'Inde, de la Chine et du Japon.

54 — Meuble-Crédence, de style Renaissance, à quatre
vantaux séparés par des cariatides, les coins en retrait
sont ornés de colonnettes sculptées de grappes de
raisins; le fronton à oves est sculpté de sujets et de
mascarons; la partie centrale supporte une statuette
de guerrier casqué et armé.

55 — Bureau Louis XVI à canaux et galerie repercée en
cuivre poli.

56 — Coffre Renaissance de forme carrée, sur pieds à
griffes, à bordure godronnée et décoré de marqueterie.

57 — Table Henri II à pieds et entretoises torses.

58 — Coffre à dos d'âne, à frise ovée, et sculpté de dauphins. Art allemand.

59 — Paire de Consoles en bois laqué blanc, époque Louis XV. Marbre blanc à doucine.

60 — Petit Bureau de dame, époque Louis XV, à dos d'âne, en bois de violette, garni de chutes, sabots et entrées; les côtés sont ronds et à bossage.

61 — Deux Tabourets de la Chine en bois de fer, à bords perlés, pieds à griffes et sièges en marbre.

62 — Table Louis XIII à pieds tors.

63 — Autre Table Louis XIII, plus petite.

64 — Coffre en bois sculpté de la Renaissance italienne.

65 — Glace Louis XIV, cadre en bois redoré.

66 — Toilette Empire en acajou, à cols de cygnes.

67 — Table à ouvrage en acajou, de même époque.

68 — Statuette de saint Antoine en bois sculpté. Travail du xvi⁰ siècle.

69 — Coffre de Ceylan en marqueterie d'ivoire, de forme carrée.

70 — La Vierge et l'Enfant Jésus, bois sculpté.

71 — Grande Table en noyer, de style Henri II, sur colonnettes.

72 — Support en chêne à colonnettes, époque Louis XIII.

73 — Grand Régulateur, gaîne en acajou, à seconde indépendante.

74 — Banquette d'antichambre style Renaissance.

75 — Glace carrée, cadre doré en bois sculpté.

76 — Deux Glaces d'appliques en bois doré, époque Louis XV.

77 — Deux Tables à boston, à canaux de cuivre poli.

78 — Servante Louis XVI à canaux de cuivre, galerie et marbre.

79 — Jardinière en bois sculpté, de style Renaissance.

80 — Quatre petites Consoles d'appliques en bois doré.

81 — Table à ouvrage, à écoinçons gravés, en laque du Japon.

82 — Cabinet en laque du Japon.

BRONZES DE BARBEDIENNE

—

83 — Le Chanteur florentin, de P. Dubois. — Haut.
0^m62.

84 — Paire de Lampes en bronze, sur leurs pieds.

85 — Vase forme cratère.

86 — Coupe de surtout, en bronze doré et argenté.

87 — Jardinière carrée sur pieds-de-biches, en bronze
doré et garni d'émaux français.

88 — Lion marchant, de Barye. — Long. de la terrasse
0^m40.

89 — Tigre, de Barye. — Long. de la terrasse 0^m40.

90 — Levrier dévorant un lièvre. Provient de la vente
de Barye. — Long. de la terrasse 0^m32.

91 — Chat, de Barye. Provient de sa vente. — Haut.
0^m09.

92 — Groupe de deux Biches, de Barye. Provient de sa
vente. — Long. de la terrasse 0^m12.

93 — Lion de la colonne de Juillet, de BARYE. Bas-relief. — Larg. 0^m42. Haut. 0^m21.

94 — Quatre Bas-Reliefs. Reproduction des statuettes de la Fontaine des Innocents, d'après Jean GOUJON.

95 — Christ en croix, de l'Algarde.

96 — Le Soldat de Marathon. — Haut. 0^m40. Long. 0^m43.

97 — Vénus au bain, par ALLEGRAIN. — Haut. 0^m57. Long. 0^m19.

98 — Encrier en marbre noir et bronze.

99 — Bénitier en bronze doré et argenté.

100 — Vénus de Milo. — Haut. 0^m56.

101 — Diane de Gabie. — Haut. sans le socle en albâtre 0^m57.

102 — Drageoir en émail cloisonné français, sur quatre pieds, bronze doré.

103 — Coupe en émail cloisonné français, sur bronze doré.

BRONZES & OBJETS D'ART DIVERS

104 — Plat et son Aiguière en étain, copie de François Briot.

105 — Paire de petits Mortiers en bronze.

106 — Petit Brûle-Parfums tripode en bronze, à couvercle surmonté d'un aigle.

107 — Bustes de Voltaire et de Jean-Jacques en bronze, sur colonnettes cannelées en noyer.

108 — Petit Cache-Pot bronze doré, gravé et serti de cabochons.

109 — Cache-Pot en bronze patiné, de style négro-grec, sur pied en onyx.

110 — Marmite en bronze, sur trois pieds.

111 — Plat en cuivre repoussé et poli représentant l'Annonciation. Travail du XVIe siècle.

112 — Plaquette en bronze représentant la jeunesse de Bacchus.

113 — Quatre Médaillons par DAVID D'ANGERS représentant : Béranger, A. Dumas, Condorcet et Gérando.

114 — Coupe en bronze de la Chine, de forme carrée. à anses.

115 — Deux Légumiers en étain, à couvercles gravés.

116 — Paires de Lampes en bronze de la Chine.

117 — Dime en étain.

118 — Coupe porte-carte en bronze. Reproduction de COUPERY.

119 — Médaillon de Nicolas Poussin, en bas-relief par J.-J. RICHARD.

120 — Chien épagneul, de FRATIN.

121 — Deux Flambeaux, bronze.

122 — Vase cornet en bronze du Japon.

123 — Buste du général Foix, en bronze.

124 — Quatorze Pièces en bronze du Japon : Vases, Brûle-Parfums, Cornets, etc. Ce lot sera divisé.

125 — Statuette d'Histrion, de MÉLINGUE.

126 — Paire de Vases en vieux cloisonné du Japon, en forme de balustre.

127 — Paire de Bouteilles en cloisonné de Chine.

128 — Bassin de fontaine en cuivre poli.

129 — Bonbonnière, de forme ronde, en cloisonné de la Chine.

130 — Cachet en bronze argenté et ciselé représentant Henri IV, monté sur agathe sardoine.

131 — Jardinière ronde, en bronze de la Chine.

132 — Paire de Vase, bronze de la Chine.

133 — Plat rond en ancien émail cloisonné du Japon.

134 — Coffret en bronze doré, garni de spath-fluor.

135 — Deux Poignards miséricorde, style Henri II et Louis XIII, en fer.

136 — Couteau de chasse style Louis XIII.

137 — Cuirasse de style Henri II.

138 — Poitrail de cuirasse en fer, décoré d'arabesques et de personnages, de style Henri II.

139 — Lustre hollandais en cuivre poli à douze lumières.

140 — Garniture de cheminée en onyx d'Algérie et bronze doré, composée d'une Pendule avec sujet de bacchantes, d'après CLODION, dorées au mat et de deux Candélabres.

141 — Pendule religieuse en écaille et garnie de bronzes dorés.

142 — Pendule, fin de l'Empire, en bronze doré au mercure.

143 — Pendule et son Socle en marqueterie, genre de Boule.

144 — Pendule Empire, en bronze doré, de LEPAUTE.

PORCELAINES ET FAIENCES

145 — Deux grands Vases en porcelaine de Chine, décorés de personnages.

146 — Grande Vasque en porcelaine de Chine, famille rose, montée et garnie de bronzes dorés.

147 — Jolie Jardinière tripode en bronze doré.

148 — Paire de grandes Coupes à couvercles en porcelaine de la Compagnie des Indes, décorées, d'écus-
sons aux armes de France.

149 — Paire de Vasques en porcelaine de Chine, de
forme ronde surbaissée, famille verte.

150 — Paire de Pots à couvercles en porcelaine de Chine,
fond bleu décor fleuri.

151 — Six Bouquetières en faïence de Rouen.

152 — Paire de grands Vases en porcelaine de Chine,
forme gourde, à triple panses.

153 — Paire de Potiches en vieux Delft, décor bleu.

154 — Six Potiches et deux Cornets en faïence de
Delft.

155 — Vingt-quatre Plats et Assiettes en faïence de
Sinceny, Marseille, Strasbourg, Japon.

156 — Treize Pièces en porcelaine diverses : Statuettes,
Groupes, Tasses, Coupe, etc.

157 — Deux Tasses en porcelaine de Sèvres, gros bleu,
semées de fleurs de lys d'or.

158 — Encrier de la Chine formé par un plateau sculpté
de singes, de fleurs, et terminé par une statuette
boudhique, le tout en pierre de lare.

159 — Buste d'Homère en marbre blanc.

159 *bis* — Statuette de Femme marbre blanc.

160 — Sainte Thérèse en adoration, travail en terre cuite du xviie siècle, peint et rehaussé d'or.

BIJOUX ET MINIATURES

161 — Médaillon carré en or, monté de brillants, de saphirs et d'éméraude.

162 — Châtelaine en or et lapis, montée de trois chaînes à maillons, portant un médaillon et une clef.

163 — Tour de cou en or, articulé, portant un médaillon pavé d'une étoile en brillants.

164 — Bague marquise, montée de quinze brillants.

165 — Bague en or émaillé, montée de cinq brillants blancs.

166 — Paire de boucles d'oreilles, montée de gros brillants, cerclés de dix brillants plus petits.

167 — Bague montée de cinq brillants.

168 — Croix en or montée de roses.

169 — Bague en or émaillé, montée d'un petit rubis et de roses

170 — Chaîne de montre à coulants, barrette, clefs, cachets en or émaillé, les coulants sont montés de brillants.

171 — Broche en or, montée de perles et d'un brillant.

172 — Flacon à sel en cristal monté en or.

173 — Tabatière en or deux tons, d'époque Louis XVI, gravée et ciselée.

174 — Bonbonnière Louis XVI de forme ronde, gravée et ciselée, en or deux tons.

175 — Nécessaire en or et acier, gaine en ivoire.

176 — Montre du temps de Louis XV en or, à boitier ciselé et repercé, travail anglais.

177 — Châtelaine Louis XV, finement ciselée.

178 — Médaillon en or, monté d'un camée à trois couches, cerclé de perles.

179 — Montre de dame et sa châtelaine en or.

180 — Petit cachet formé d'un dauphin.

181 — Bague en or, montée de jaspe.

182 — Montre d'homme en or.

183 — Bracelet en or.

184 — Paire de lunettes en or.

185 — Lorgnon en or.

186 — Face à main en or, gravé.

187 — Breloque en corail.

188 — Médaillon en or, monté de jaspe.

189 — Porte-Mine en or.

190 — Petit Brillant et Émeraude sur papier.

191 — Sept pièces démontées : bagues, boucles, etc.

192 — Deux Bonbonnières en écaille, ornée chacune d'une fine miniature, représentant des portraits de Seigneurs du temps de Louis XV.

193 — Miniature du temps de l'Empire ; portrait de Femme.

193 *bis* — Miniature représentant le prince Henri de Prusse, en costume Louis XV ; datée 1814.

194 — Peinture sur cuivre, portrait d'Homme.

195 — Miniature : Fleurs.

196 — Portrait de Louis XV, d'après Nini, en biscuit cadre perlé.

196 — Tête de saint Jean-Baptiste ; fragment de tableau ; École française.

198 — Christ en ivoire.

199 — Éventail style Louis XV.

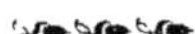

ARGENTERIE

200 — **Environ 42 kilogrammes** d'argenterie et de vermeil :

Service de couverts pour vingt-quatre personnes. — Service d'entremets et de hors d'œuvres. — Service à thé. — Nombreux Plats ronds et ovales. — Coquetiers, Timbales, Légumiers, Cafetière et deux Saucières Empire.— Salière Louis XVI. (Ce lot sera divisé.)

201 — Ruolz et plaqué. (Sera divisé.)

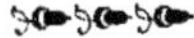

DENTELLES

202 — Volants, châle et pointes en dentelles de Chantilly.

203 — Châles en point d'Angleterre.

204 — Dentelles diverses en Bruxelles, point à l'aiguille. Valenciennes, Chantilly, etc., etc.

205 — Deux Châles en cachemire de l'Inde.

TAPIS D'ORIENT

206 — Tapis de Smyrne.

207 — Nombreux Tapis de prière, anciens et modernes.

208 — Vingt-quatre Coussins, garnis de tapisserie, d'étoffes orientales et autres. (Ce lot sera divisé.)

CONTINUATION

Les Lundi 5, Mardi 6, Mercredi 7 et Jeudi 8 Octobre

SALLE N° 1

EXPOSITION PUBLIQUE

Le Dimanche 4 Octobre 1891, de 2 heures à 5 heures

BON MOBILIER COURANT

Salle à manger. — Chambres à coucher en palissandre ciré, en acajou et chêne sculpté. — Nombreux Sièges en velours et autres. — Garnitures de Cheminée, Glaces. Galeries de foyer. —Tapis, Rideaux, Meubles de fantaisie. — Lustres. — Lanternes. — Meubles divers.

LIVRES : Romans, etc., etc.

Bon Linge. — Services de table. — Serviettes. nombreuse et bonne Literie.

Cristaux porcelaine. — Verrerie.

LIQUEURS. — VINS FINS ET ORDINAIRES

ENVIRON 2,400 BOUTEILLES

Elles seront vendues sur échantillons, le *Jeudi 8 Octobre 1891, salle n° 11, à 2 heures*, et livrées le lendemain *Vendredi à 9 heures du matin*, en la propriété de feu **Mme D*****.

҈∞ ҈∞ ҈∞

VOITURES. — CHEVAL. — HARNAIS

Les VOITURES, le CHEVAL et les HARNAIS seront vendus le *Lundi 5 Octobre*, en la cour de l'HOTEL DROUOT, à 4 heures et demie, et exposés le *Dimanche 4 et le Lundi 5 Octobre, de midi à 4 heures et demie*.